ALLEGRESSE CHRESTIENNE DE L'HEVREVX SVCCES DES GVERRES DE CE ROYAVME, ET

de la iustice de Dieu contre les rebelles au Roy, & comme de droit diuin, est licite à sa maiesté punir
ses subiets, pour la Religion violée.

*Ensemble le tombeau de Gaspar de Colligny iadis Ad-
miral de France.*

AV ROY.

Lætabitur iustus cum viderit vindictam : lauabit
manus suas in sanguine peccatoris.
Psalm. 57.

Par I. T.

A PARIS.

Par Michiel de Roigny, demeurant rue sainct Iaques
à l'enseigne des quatre Elements.

M .D. LXXII.

Auec priuilege du Roy.

Charles de Vallois, Elizabeth d'Austriche,

ANAGRAMMES.

As du lis riche d'or, beauté chaste alliée.
L'abus les te'a deceu, Roy hardy chastie les.

AV ROY.

SONET,

Soubs la puissance main d'vn Cesar belliqueux,
Rome mesme seule auoit, fait trembler la terre, & l'onde,
En superbe, regnant sur la gloire du monde,
Elle mesme s'est faict son tombeau malheureux.

Vn semblable destin suiuroit de prez nos yeux,
Si tousiours te prothé, OSIRE icy se fonde
Au ris Sardonien, ou plus de mal abonde
Qu'au prison de Cyrcé, dont il nous charme mieux,

Mais ô Augure d'heur, l'Aigle Roy des oyseaux
Est venu pour chasser de France les corbeaux:
Dont France s'esiouit & chante en tes Palais:

As, du lis riche d'or, beauté chaste, alliée.
Mais pour me voir bien tost de mes maux desliée,
L'abus les te'a deceu, Roy hardi, chastie les.

Ce que Dieu touche ard.

A ij

SVR LE DISCOVRS,
PYRAMIDE ET DEVISE
DE L'AVTEVR

SONNET DE A.D.L.S.

CE QVE DIEV TOVCHE ARD.

Touchard, tu as touché par ton discours diuin,
Du grand Dieu glorieus la grandeur, & la gloire
Du Roy victorieux la royalle victoire,
Le condigne malheur, du malheureus mutin.
Ce grand sage mondain, c'est Vlysse tant fin,
Celuy dont tant de gens celebroient la memoire,
A-il peu (pour voiler sa malice notoire)
Euiter son trop iuste infortuné destin.
Tousiours celuy qui veut du droit passer les bornes,
„ Et comme vn lymaçon au Ciel dresser les cornes
„ Se prenant à son roy perira par son art.
Ta pyramide donc sa gloire a renuersée
Comme au gibet son corps: dont ta saincte pensée
Et ton zele faict voir, que **CE QVE DIEV
TOVCHE ARD.**

DE GVERRE, PAIX.

Mars, vn peuple mutin, vn de peruerse foy,
Cruel, seditieux, remply d'outrecuidance,
Nous donna, nous nourrit & mit par son outrance,
La guerre, le malheur, les bons en desaroy.
Mais Iuppiter, la France, & Charles son grand Roy
Pitoyable, affligée, esmeu de grande clemence,
Ordonna, desira, & remit en sa France
La paix, la pieté, l'vnion de la loy.
Que Mars ensenglanté or opprimé demeure,
Que ce peuple mutin miserablement meure,
Et du traistre peruers perissent toutes les loix.
Qu'à Iupiter benin soit rendu le seruice,
La France desormais d'heureuse paix iouisse,
Et charles porte heureux le sceptre des Gaulois.

A iij

AVTRE SONNET

DV MESME

SONNET.

Mais vo peu de matiere, vn de pareur e
Cinq feuillet tront ... Vous ...
Nous donnã pour à ... le & mit ...
La gens la maistresse ...
Mais impure la fin ... Charle ... Roy
Plus d'allegresse ... degrade ...
A douant dina, & a ... Fran ...
La pauis pini, feuit ... la loy.
Que bace cela ... corrompu ...
Grece ...
Et dict ... permis ...
Et ...
La fr ...
Et ...

DISCOVRS SVR LES
OCCVRRENCES DES GVER-
RES INTESTINES DE CE
Royaume, & de la iustice de Dieu, con-
tre les rebelles au Roy. & comme de
droit diuin est licite à sa ma-
iesté punir ses subietz, pour
la Religion violée.

E grand Dieu d'Israel ne sommeille, ne
dort,
Sur son peuple à les yeux , pour con-
duire à bon port
Ceste Arche de Noé , son Eglise flot-
tante
Du vent de noz pechez:desia la grand tourmente
Sous vn astre benin, sa violence pert:
Et d'heureuse influence a le ciel descouuert,
Que Dieu garde les siens en l'ombre de ses aisles,
Renuersant les desseins de ces Geans rebelles,
Qui taschoient rebastir en France leur Babel.
Semence d'Abraham ô enfans d'Israel,
Pouuez vous retenir sous vn muet silence

Du grand Dieu la vertu & sa beneficence?
  O esprits bien-heurés des celestes faueurs,
Nourrissons d'Apollon, fauorits des neufs sœurs,
Inutile vous est vostre grace faconde,
Si ne faictes sonner par la machine ronde
Les merueilles de Dieu, qui tant esleue l'heur
Du sceptre des Gaulois, que le rendre vainqueur
De l'Hydre, monstre infect, par grace inesperée,
Quand plus on estimoit l'eglise deplorée,
Et desfauorisé le Catholic' troupeau.
  L'ardeur de noz pechez a esté le flambeau,
Pour guider Nemesis au palus Plutonique,
Et en faire sortir la Megere heretique,
Megere icy soufflant l'esprit d'ambition,
Sous le masque fardé d'vne Religion:
Laquelle en France ouurit la boete de Pandore.
  De ceste boete, helas, que l'ignorant adore,
Sont sortis les malheurs, estranges cruautez,
Guerres, & trahisons, qui nous ont tourmentez,
Depuis qu'on a cessé de purger par la flamme,
Ce pestifere erreur, qui l'vniuers enflamme.
Car quand ce fugitif, cruel, Montgomery,
De sa lance fatale occit le Roy Henry,
En ioye triste occit, ce grand foudre de guerre.
Lors l'esprit remuant, seditieux, bizerre,
De ceux, ausquelz la France auoit, de ses honneurs,
Respandu le thresor, & comble de faueurs,
(Comme Anthoine au mespris de la tendre ieunesse
De Cesar) ont trouué l'insidieuse addresse,

Pour rendre la grandeur, la maiesté d'vn Roy
Captiue, à leur plaisir, & luy donner la loy
Comme la faction d'Amboise testifie
    Et or que mille faits semblables on oublie:
Sur le chemin de Meaux ceste saincte vnion
A faict à descouuert, voir son intention.
A faict à descouuert, congnoistre du sainct zele
L'obeissant subiect & seruiteur fidele
De son Roy, quand il vient la pistole en la main,
Baiser les mains, ainsi que Ioab inhumain
En feit à Amaza, luy rauissant la vie.
    O superbe seruice, ô rude courtoisie,
D'vn Herode sentant le vulpien esprit,
Quand il disoit vouloir saluer Iesuchrist.
Mais en son bras puissant & en sa garde seure,
Dieu a pris nostre Roy : Ce qui plus nous asseure.
    Contraint il a esté en ses plus ieunes ans
De iouer à vn ieu, qui n'estoit point d'enfans,
Ainsi que sainct Louys qui eut de la regente
Conseil, comme le Roy de sa mere prudente,
Mere prudente assez ne la puis admirer,
Ny à autre qu'à soy, ne se peut comparer.
Car la disant autant qu'vne Abigail sage.
Luy donnant de Iudith le zele, & sainct courage,
De ses perfections reste plus à penser,
Que l'esprit tant bon soit , ne pourroit compasser.
Vne telle Pallas, nous estoit necessaire,
Pour bien parer les coups, de l'effort militaire,

B

Auec le bouclier de son sage conseil.
Car France n'auoit veu iamais rien de pareil.
  Neron, Domitian, Maximin, infideles,
N'ont fait sentir leurs mains aux Chrestiens, plus
  cruelles,
Que la balle ensouffrée au bourbier Geneuois,
A eslancé de maux aux fidelles François,
Ayant plus affecté la royalle couronne,
Que porter sur le chef celle, qu'au prestre on dóne
Meseftimans du tout l'antique pieté.
Des brigans de Iudée ont le los merité,
Qui sous la cruauté de leur main tyrannique,
Se disoyent Zélateurs de Dieu, & bien publique,
En tirant le secours d'strange nation,
Pour combler le mechef de leur rebellion,
Mettoyent tout leur espoir aux forces [de Bellonne,
Que l'Eternel vainqueur par vn sil d'œil estonne.
  Et comme l'Arrien, plus furieux que l'ours,
Du barbare Payen attira le secours,
Contre le Catholique Omousien fidele,
Ces bons religieux, en leur saincte querelle
(Comme ils sçauent fort bien mieller leur venim)
Accortement puisé au palus de Caluin,
Ont par delà le Rhein pratiqué des Harpies,
Peuple pire que Gots, dont furent demolies
Les Itales iadis, sous vn cruel destin,
Reistres, moins alterez du combat, que du vin.
Inciuils, & gourmans, ruineux au pillage

Plus que la gresle n'est d'vn foudroyant orage,
Desquels Dieu mal'heura les conflits, & assaux
Afin que nostre foy fut ferme, en tant de maux,
Et en heur maintenu ce sceptre, mis en proye,
Comme ils auoyent suiuy de Balaan la voye,
Loué a pais d'argent, pour maudire Israel:
De leurs peruers desseins le succes: deuint tel.
Et nostre Dieu viuant, le Dieu des exercités,
Luy mesme combatit pour ses Israelites,
Par l'hercule François, des monstres le dompteur
Filz & frere du Roy, nostre Achille vainqueur,
Qui comme Daniel, au printemps de son aage,
Surmonta le Dragon, & tira de la rage,
Des Lyons inhumains, les Chrestiens opprimez
Des Lyons bien vainqueurs, mais non des-animez
Qui couuerts de la peau d'vne douceur benigne,
Ont tousiours proiecté des agneaux la ruine,
Et d'autant s'est enflé contre nous leur orgueil,
Qu'ils ont trouué en court de fauorable acceueil.
Pouroit on desirer plus de graces & dons?
Peut on imaginer plus d'insignes pardons,
Qu'ils ont receu du Roy, Roy clement & debon-
    naire,
Plus prompt à pardonner qu'on est à luy meffaire,
    O bien esleu de Dieu. ô Roy qui n'as iamais
Rien plus aimé, que voir tes subiects viure en paix,
Embrassent l'ennemy de ta misericorde,
Ennemy meritant la faueur d'vne corde.

B ij

O huguenot ingrat, cœur plain d'impieté,
Iſſeu du mont Caucaſe, & d'vn tygre alaitté
Pour tant de biens receuz quelle recognoiſſance?
    S'armer de trahiſon contre le lis de France.
Ce n'eſt pas choſe eſtrange ; en l'Euangile ſainct,
On ne peut receuoir vn miracle plus ſainct.
Occultes factions: ſiniſtres entrepriſes,
Villes, ports, & chaſteaux par des Sinons ſurpriſes,
N'ont pas touſiours eſté les faueurs de Caluin,
Que nous auons ſouffert ſous vn aſtre malin?
    Mais Dieu qui lentement prent du peché iuſtice,
Et pour l'attente, rend au double le ſuplice.
Des cieux a entendu, & exaucé la voix,
Les prieres, & pleurs des ſiens, à ceſte fois;
    Toy donc, ô tout puiſſant, toy ſeul en ta main forte
En vn coup as deffaict l'Erynnis huguenotte,
    Toy ſeul as animé le cœur de noſtre Roy.
Pour maintenir la France, en ſon antique foy.
Princes Chreſtiés, Seigneurs, bié heurés d'vn bó zele,
Pour deffendre de Dieu, & du roy la querelle.
Qui d'vn cœur magnanime auez donné la main
A noſtre Ioſias, Roy vaillant & humain,
Pour extirper de tout Baal ce grand Idole.
Par l'vniuers le nom de voſtre gloire vole.
    O heureuſe victoire! à toy ſeul eſt Seigneur,
Non à nous, le trophée inſigne de l'honneur.
D'vn coup as arraché le tronc, & la racine,
Et la terre ionché d'heretique vermine.

Verminé, qui se prist la nuict dans les filets,
Qu'elle auoit osé tendre aux fidelles subiects,
    O fauorable nuict! l'heure plus desirée,
Qu'elle n'auoit esté des nostres esperée.
    Ainsi par l'Ange fut en vne seule nuict,
L'exercite du Roy Sennacherib destruit,
Cent quatre vingt mille y perdirent la vie.
    O iugemens de Dieu! ô heureux qui se fie
En toy seul, ô Seigneur, nostre apuy, & rampart:
Bien gardé est celuy, que tu tiens de ta part.
    Tu nous as conserué nostre bon Ezechie,
De Colligny destruict l'ambitieuse enuie,
Et comme d'vn Seba, tu nous as par sa mort
Vengés, & mis en paix, hors de trouble, & discord,
Traistre, qui soubs l'apast de ta langue meurtriere,
Deceus les cœurs legers, pour courir la carriere
De ton ambition source de nostre mal.
Pensois tu point, qu'il faut deuant ce tribunal,
Trosne de maiesté, vn iour tous comparoistre
Au iuge souuerain, qui trompé ne peut estre?
Cosiderans ton cœur endurcy, & felon,
Nous deplorons ta mort, ainsi que d'Absalon
A faict le Roy Dauid: car d'vn mesme courage,
En France as excité vn ruineux orage.
Nous deplorons ta mort portans mille regrets,
Qu'a ton occasion, tant de gens soyent deffaicts,
Tu estois Atila, le voulant noz offenses,
Mais, pour cela n'estoient plus grádes tes puissances,

Par son oracle sainct: nostre Dieu dit, malheur,
Malheur soit sur Assur, le bras de ma fureur,
Ainsi il a permis les fleaux de l'Egypte,
Trauailler, opprimer l'eglise Israelite.
    Le contrac de noz iours est, à condition,
Que beuuions au hanap de tribulation.
A fin que nostre foy plus que l'or precieuse
Se preuue, par le feu de Babilon heureuse.
Comme des trois enfans benissans le Seigneur,
En l'ardante fournaise, il est le protecteur
De ceux, qui ont en luy encré leur esperance,
Et quand plus à souffert d'opresse, & violence:
A esté diliuré son peuple fauorit,
Par la main de Moyse, heureusement conduit
Trouuant par le milieu de la mer, seure voye
Qui rendit l'oppresseur de ses poissons la proye.
Dont chanterent cantique, & louanges à Dieu,
Cóme pour n'estre ingrats, nous deuós en tout lieu,
Magnifier son nom, & la nuict fortunée,
Ou nostre liberté fut du ciel ordonnée.
Pour nous faire reuoir ce vieux temps souhaitté
Auquel seruirons Dieu en toute seureté
  Respire donc à laise, ô liberté Chrestienne,
Respire librement & tousiours te souuienne
Des iugemens de Dieu, de sa saincté bonté,
Des faueurs qu'il nous faict, sans l'auoir merité,
  Te souuienne comment la diuine iustice,
Tant soit tard à la fin punit le malefice.

Cela confiderans, abaiſſons noſtre orgueil,
Deteſtons nos pechez, ayons la larme à l'œil,
Qu'il à fallu que Dieu ait permis tel exemple,
En ce tragique ieu, affin que l'on contemple,
Que chacun doit ſeruir, & honnorer ſon roy.
Que chacun doit tenir la Catholique foy.

Ie ſçay bien toutes fois que quelque politique
Dira, ce n'eſt au Roy, de punir l'heretique.
Ce n'eſt donc pas au Roy de maintenir ſon ſceptre,
Son troſne, ſans l'eglife eſtably ne peut eſtre,
Iuſtice & Pieté font dominer les Roys,
C'eſt pourquoy nous voyons tant de diuines loys
De Valantinian, Conſtantin, Theodoze,
Gratian, Empereurs, leſquels ſans autre gloſe,
Apeine de la vie, ont voulu leurs ſubiets
Tenir des peresſaincts, les ſtatuts, & decrets,
Comme il nous font donnez en l'Eglife Romaine.

Si pour exterminer la famille inhumaine
De l'infidelle Achab Iehu fut oing en Roy,
Du prophete Eliſée & ſi pour meſme foy,
Ioſias commanda que lon oſtaſt la vie,
Sans eſpargner vn ſeul (comme d'vne furie)
Aux ſacrificateurs des haux lieux, & auſſi,
Tant de prophetes faux à la voix d'Heliſée,
L'eglife on doit venger des meſpris, & rizée.

Nabugodonoſor eſtant à Dieu tourné,
Pouſſé de l'eſprit ſainct à il pas ordonné,
Qu'en pieces on taillaſt qui n'auroit reuerance

A ce grand Dieu du ciel, honorant sa puissance ?
Feit aussi Darius vn Edict tout pareil,
Que chacun adorast le Dieu de Daniel.
    Mais qu'est il de besoing de ce narre d'histoire?
Dieu par expres voulut c'est chose trop notoire,
Qu'a l'instant lapidé fust le blasphemateur,
Et quiconque seroit du sabat contempteur.
    Ainsi le fort Sanson par foy victorieuse,
Et Gedeon, ont eu la main imperieuse:
Non moins que Iosué, Samuel, & Dauid,
Dont ils ont l'infidelle incirconcis destruict,
Salomon, Abia Iosias, Ezechie,
Et tous les roys chrestiens, ont eu soin en leur vie,
De maintenir tousiours Iustice, & pieté,
Et l'eglise de Dieu en sa sincerité.
    O Roy donc treschrestien, aiant couru leurs tra
        ces.
Et du ciel herité tant de diuines graces,
    O Roy qui seulement n'as Charles le nom.
Mais bien, d'vn charlemaigne egallé le renom.
Et d'vn Charles martel la prudence subtille.
Tuant des Sarazins trois cens vingt cinq mille.
C'est donc l'estat d'vn roy, d'vn roy vray zelateur,
Deffendre de son Dieu le seruice, & l'honneur.
    C'est donc l'estat du roy, de garder la franchise,
L'vnité, le repos de la chrestienne eglise.
    Ensemble ne viuront les loups, & les agneaux,
Ny les poulles en paix auec les renardeaux.

Toufiours les loups, fôt loups, & quelq̃ couuerture.
Que prenne le renard, ne change de nature.
    Or fi fans rentamer la playe de nos cœurs,
Nous pouuions difcourir fur les triftes malheurs.
Que long-temps à fouffert ce Royaume Gallique,
Sous le ioug troppefant, d'vne main heretique,
Impoffible dirions, de Belial l'efprit.
Pourroit fimbolizer auec Iefus Chrift,
    Si ce Baal n'eft Dieu, que l'on le brule encore:
Mais fi c'eft Iefus Chrift, que luy feul on adore.
Dieu menace vomir, de vomir en fon cœur:
Ceux qui ont tiede foy, heureufe donc l'ardeur
Du celèfte brazier qui, Roy chreftien, t'enflamme
Pour faire euaporer le poifon de noftre ame.
    Apres tant de perils, ô plaifante faifon,
Ou plus du curedent lon ne craint trahifon.
Curedent qui as faict plus de meurdre en France,
Que n'a faict aux Troyens d'vn Achille la lance.
Mais maintenant changé, ô accident nouueau,
Par iuftice diuine, au collier d'vn bourreau ,
Par iuftice diuine, eft tombé fur la tefte
De ce fuperbe Aman, l'orrage, & la tempefte.
Qu'il auoit deffeiné fur le peuple de Dieu
Et comme fut Aman pendu au mefme lieu,
Ou auoit faict dreffer gibet pour mardochée,
Ainfi fut de fon corps, & des fiens la ionchée
En la ville, que plus tafchoit de faccager,
Mais les efleuz de Dieu font fortis du danger.
C

N'auons nous pas aussi trois Hestres en la France?
  Voy Paris maintenant voy quelle recompense
Tu reçoy, pour le bien de ta fidelité,
O chose memorable à la posterité!
    Toy, qui as eu tousiours plus de ferme constance,
Plus d'animosité, & plus faict de despense
Que toute autre cité, pour la religion,
Dieu à fauorisé ta saincte affection,
Et à demonstré combien luy est chose aggreable,
De quoy tousiours as pris, d'vne amour indoutable
La querelle de Dieu, & le party du Roy,
Sans auoir iamais faict banqueroute de foy,
  Toy seulé, porteras sur tout autre, la gloire,
La louange & l'honneur de l'insigne victoire,
Que l'eternel puissant, nostre iuste vengeur.
A pris, contre l'effort du rebelle moqueur.
    Tu cognoy maintenant, que tu nas point de perte
D'auoir eu pour ton Roy, tousiours la bource ouuer-
    te.
Quelle allegresse en Dieu, t'a prise ces iours cy,
Quand tu as veu punir & prendre sans mercy
Ceux, que le temps passé, par arrest de iustice,
On brusloit au gibet, pour leur digne supplice?
Qu'elle allegresse en Dieu de voir morts estendus
Ceux, qui pour t'accabler s'estoient si fort rendus?
Quelle pensée en Dieu, de voir en la riuiere.
Ceux, qui ne vouloient point de nostre cim etiere?
  Ha vous seriez ingrats, Poissons, vous au riez tort

Si ne les receuiez, du moins apres sa mort,
Puis que tant ils vous ont donné de courtoisie,
De ne vouloir iamais vous manger en leur vie,
Tels œuures sont effects de l'eternelle main,
Et surpassent le port du iugement humain:
Nul ne peut toutesfoys (s'il se sent de prudence)
Nyer, qu'il ne falloit vser d'autre puissance,
Ny plus chrestienne aussi: car seroit-il saison,
Que celuy, qui verroit le feu en sa maison,
Courust cercher conseil, pendant tout fust en cendre
Il ne fault point gouster de quelle eaue on doibt
        prendre,
Quand il est question d'esteindre promptement
Vn feu, que l'on ne peut appaiser autrement,
    Puis que les ennemis de la messe chrestienne,
Pensoient nous dire vespre à la Scicilienne,
C'a esté iustement, qu'ils ont deuant le iour,
Des matines, senty vn semblable retour,
    C'a esté pour le bien, pour le repos publique,
Autrement ce seroit ia faict du Catholique,
Catholique, lequel honore tant son roy,
Qu'il n'a iamais voulu pour quelque desarroy,
Sans commandement mettre la main aux armes,
Tant fust il opprimé, apres milles alarmes,
Car voyant, nostre roy dous, humain, & si bon,
Nous auons tousiours faict en l'imitant pardon,
Et n'auons pas plaisir (comme on pense) ny ioye,
De voir ces obstinez estre à la mort en proye.

Nous aimerions bien plus d'vn la conuerſion,
Que la mort de cinq cens voire d'vn million,
  Mais toy ſeul, ô mon Dieu, toy ſeul as la puiſſance,
De leuer de leurs yeux, ce bandeau d'ignorance,
  Toy ſeul as mon ſeigneur, toy ſeul, as le pouuoir.
D'inſpirer en leur cœurs, vn bon & ſainct vouloir,
  Prens pitié des enfans: de tant de pauures femmes,
Qui n'ont ſymboliſé en leurs vices infames,
Conuertis l'abuſé: car tant ſoit inhumain,
Si eſt il, ô mon Dieu, l'ouurage de ta main.
  Et voy nous proſternés, deuant ta ſaincte face.
Accepte de nos cœurs l'humble action de grace,
  Qui ne peut egaller la faueur de tes biens.
Quelque peché qu'ayons, proteſtons mourir tiens,
Et de perpetuer l'heureuſe ſouuenance
De ſa ſaincte iuſtice, en noſtre deliurance
Que di-ie deliurance? Tu nous l'as ô ſeigneur
Donné mais encor, nous n'aurons par ceſt heur,
D'en iouir, iuſqu'a tant, qu'on voye la iuſtice,
Du rebelle obſtiné, faire le ſacrifice,
Et lors qu'on donnera, non au ſang,
Ains au dignes vertus, les eſtats & honneurs.
Et tant que l'ignorant tiendra ranc en l'egliſe,
La France, ny la foy, ne ſeront en franchiſe.
  Pere donc ſouuerain, qui prens de nous le ſoin,
Donne ce que tu ſçay nous eſtre de beſoin.
Conſerue noſtre roy en ſa volonté ſaincte,
  Que ſous luy nous voyons toute hereſie eſteincte.

Conserue noſtre roy & tout le ſang royal.
Maintien luy bon conſeil, & nous ſans aucun mal.
Qu'admirant ſa grandeur touſiours l'ennemy penſé,
IVSTICE & PIETE, font dominer la France.
IVSTICE & PIETE, y maintiennent la Loy,
Pour n'y ſeruir qu'VN DIEV, VNE EGLISE, ET
VN ROY.

PIRAMIDE RENVERSEE SVR LA MORT DE GASPAR DE COLIGNY IADIS Admiral de France.

Quel nouueau chãgement? Quelle Metamorphofe?
Sur le lict d'vn gibet, à montfaucon repofe,
Ce grand Achitophel, Plutonique Admiral
Infidieux Vliffe, & perfide. Hannibal,
Le Catilin feditieux, de France,
Dont Dieu a pris exemplaire vengeance,
Quãd il péfoit toucher du doigt, les cieux,
Et f'efiouyr du comble de fon mieux,
S'eft par iuftice diuine,
Enfepuely en la ruyne,
De fon finiftre mefchef,
Et a efté fon corps fans chef,
Trainé, felon fon mérite,
Car ià la figure quitte,
Et cede à la verité.
Luy qui a inquieté,
Le ciel, terre, & l'onde,
Ne pouuoit, au monde,
Trouuer vn tombeau,
qu'au cors d'vn corbeau
Et fi ie doubte,
Qui ne regoufte,
Sentant l'humeur,
De la fureur,
Qui ce cele,
En la mouelle,
De fes os,
Sans repos.

9 782014 468571